中國書店藏珍貴古籍叢刊

明內府刊四書

宋·朱熹 注

中國書店

據中國書店藏明司禮監刻本影印原書版框高二十三厘米寬十六點五厘米

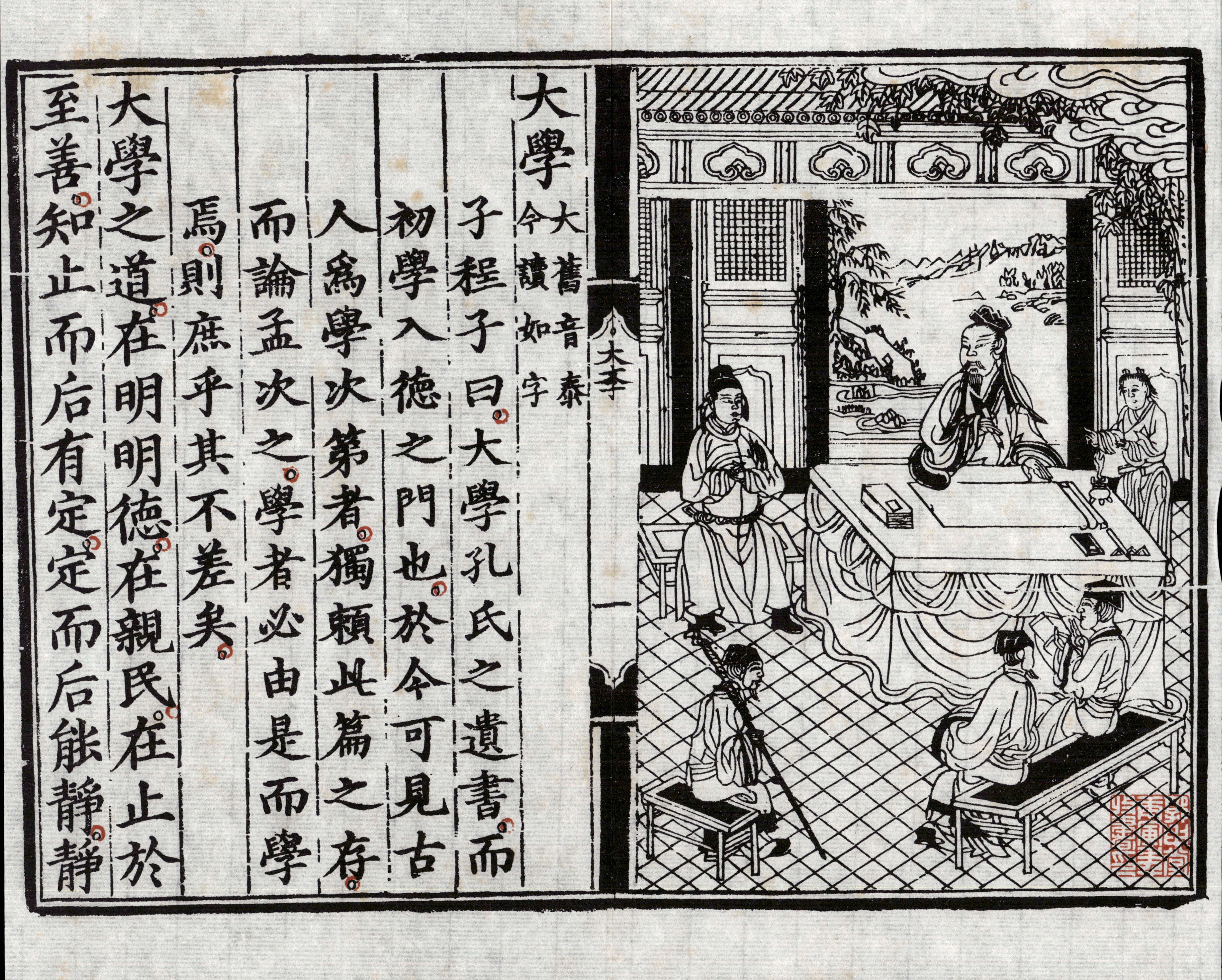

大學

大舊音泰今讀如字

子程子曰大學孔氏之遺書而初學入德之門也於今可見古人爲學次第者獨賴此篇之存而論孟次之學者必由是而學焉則庶乎其不差矣

大學之道在明明德在親民在止於至善知止而后有定定而后能靜靜

而后能安。安而后能慮。慮而后能得。物有本末。事有終始。知所先後。則近道矣。古之欲明明德於天下者。先治其國。欲治其國者。先齊其家。欲齊其家者。先脩其身。欲脩其身者。先正其心。欲正其心者。先誠其意。欲誠其意者。先致其知。致知在格物。物格而后知至。知至而后意誠。意誠而后心正。心正而后身脩。身脩而后家齊。家齊而后國治。國治而后天下平。自天子至於庶人。壹是皆以脩身為本。其本亂而末治者否矣。其所厚者薄。而其所薄者厚。未之有也。

右經一章。蓋孔子之言。而曾子述之。其傳十章。則曾子之意。而門人記之也。舊本頗有錯簡。今因程子所定。而更考經文。別為序次如左。

康誥曰。克明德。大(音泰)甲曰。顧諟(音是)天之明命。帝典曰。克明峻(音俊)德。皆自明也。

右傳之首章。釋明明德。

湯之盤銘曰。苟日新。日日新。又日新。康誥曰。作新民。詩曰。周雖舊邦。其命維新。是故君子無所不用其極。

右傳之二章。釋新民。

詩云。邦畿(音祈)千里。惟民所止。詩云。緡(音綿)蠻黃鳥。止于丘隅。子曰。於止知其所止。可以人而不如鳥乎。詩云。穆穆文王。於(音烏)緝熙敬止。為人君。止於仁。為人臣。止於敬。為人子。止於孝。為人父。止於慈。與國人交。止於信。○詩云。

瞻彼淇澳（音郁）菉（音綠）竹猗猗（音阿）有斐君子。如切如磋。如琢如磨。瑟兮僩（下板反）（下間）兮。赫兮喧兮。有斐君子。終不可諠（況晚反）兮。如切如磋者。道學也。如琢如磨者。自脩也。瑟兮僩兮者。恂慄（上峻下栗）也。赫兮喧兮者。威儀也。有斐君子。終不可諠兮者。道盛德至善。民之不能忘也。○詩云。於（音烏）戲（音呼）前王不忘。君

子賢其賢而親其親。小人樂其樂（音洛）（上同）而利其利。此以沒世不忘也。

右傳之三章。釋止於至善。

子曰。聽訟吾猶人也。必也使無訟乎。無情者不得盡其辭。大畏民志。此謂知本。

右傳之四章。釋本末。

此謂知本。此謂知之至也。

右傳之五章。蓋釋格物致知之義。而今亡矣。閒嘗竊取程子之意以補之曰。所謂致知在格物者。言欲致吾之知在即物而窮其理也。蓋人心之靈莫不有知。而天下之物莫不有理。惟於理有未窮。故其知有不盡也。是以大學始教。必使學者即凡天下之物。莫不因其已知之理而益窮之。以求至乎其極。至於用力之久。而一旦豁然貫通焉。則衆物之表裏精粗無不到。而吾心之全體大用無不明矣。此謂物格。此謂知之至也。

所謂誠其意者。毋自欺也。如惡惡臭。如好好色。此之謂自謙。（音慊）故君子必

慎其獨也小人閒音閑居為不善無所
不至見君子而後厭然揜其不善而
著其善人之視己如見其肺肝然則
何益矣此謂誠於中形於外故君子
必慎其獨也曾子曰十目所視十手
所指其嚴乎富潤屋德潤身心廣體
胖步丹反故君子必誠其意
右傳之六章釋誠其意

所謂脩身在正其心者身有所忿弗粉反
懥陟利反則不得其正有所恐懼則
不得其正有所好樂則不得其正有
所憂患則不得其正心不在焉視而
不見聽而不聞食而不知其味此謂
脩身在正其心
右傳之七章釋正心脩身
所謂齊其家在脩其身者人之其所

親愛而辟（音僻下同）焉之其所賤惡而辟焉之其所畏敬而辟焉之其所哀矜而辟焉之其所敖惰而辟焉故好而知其惡惡而知其美者天下鮮矣故諺有之曰人莫知其子之惡莫知其苗之碩此謂身不脩不可以齊其家

右傳之八章釋脩身齊家

所謂治國必先齊其家者其家不可教而能教人者無之故君子不出家而成教於國孝者所以事君也弟者所以事長也慈者所以使衆也康誥曰如保赤子心誠求之雖不中不遠矣未有學養子而后嫁者也一家仁一國興仁一家讓一國興讓一人貪戾一國作亂其機如此此謂一言僨（音奮）事一人定國堯舜帥天下以仁而

民從之桀紂帥天下以暴而民從之其所令反其所好而民不從是故君子有諸己而后求諸人無諸己而后非諸人所藏乎身不恕而能喻諸人者未之有也故治國在齊其家詩云桃之夭夭其葉蓁蓁音臻之子于歸宜其家人宜其家人而后可以教國人詩云宜兄宜弟宜兄宜弟而后可以

教國人詩云其儀不忒正是四國其為父子兄弟足法而后民法之也此謂治國在齊其家

右傳之九章釋齊家治國

所謂平天下在治其國者上老老而民興孝上長長而民興弟上恤孤而民不倍音背是以君子有絜胡結反矩之道也所惡於上毋以使下所惡於下

毋以事上所惡於前毋以先後所惡於後毋以從前所惡於右毋以交於左所惡於左毋以交於右此之謂絜矩之道詩云樂音洛只音紙君子民之父母民之所好好之民之所惡惡之此之謂民之父母詩云節音截彼南山維石巖巖赫赫師尹民具爾瞻有國者不可以不慎辟音僻則為天下僇音戮矣

詩云殷之未喪師克配上帝儀音宜監于殷峻音駿命不易道得衆則得國失衆則失國是故君子先慎乎德有德此有人有人此有土有土此有財有財此有用德者本也財者末也外本內末爭民施奪是故財聚則民散財散則民聚是故言悖而出者亦悖而入貨悖而入者亦悖而出康誥曰惟

命不于常道善則得之不善則失之美楚書曰楚國無以為寶惟善以為寶舅犯曰亾人無以為寶仁親以為寶秦誓曰若有一箇(古賀反)臣斷斷兮無他技其心休休焉其如有容焉人之有技若己有之人之彥聖其心好之不啻若自其口出寔能容之以能保我子孫黎民尚亦有利哉人之有

技媢(音冒)疾以惡之人之彥聖而違之俾不通寔不能容以不能保我子孫黎民亦曰殆哉惟仁人放流之迸(比正反)諸四夷不與同中國此謂唯仁人為能愛人能惡人見賢而不能舉舉而不能先命(命者慢也)也見不善而不能退退而不能遠過也好人之所惡惡人之所好是謂拂人之性菑(古災字同)必

逮夫音扶身是故君子有大道必忠信以得之驕泰以失之生財有大道生之者衆食之者寡為之者疾用之者舒則財恒胡登反足矣仁者以財發身不仁者以身發財未有上好仁而下不好義者也未有好義其事不終者也未有府庫財非其財者也孟獻子曰畜許六反馬乘不察於雞豚伐冰之

家不畜牛羊百乘之家不畜聚斂之臣與其有聚斂之臣寧有盜臣此謂國不以利為利以義為利也長國家而務財用者必自小人矣彼為善之小人之使為國家菑害並至雖有善者亦無如之何矣此謂國不以利為利以義為利也

右傳之十章釋治國平天下

凡傳十章。前四章統論綱領旨趣。後六章細論條目工夫。其第五章乃明善之要。第六章乃誠身之本。在初學尤為當務之急。讀者不可以其近而忽之也。

大學終

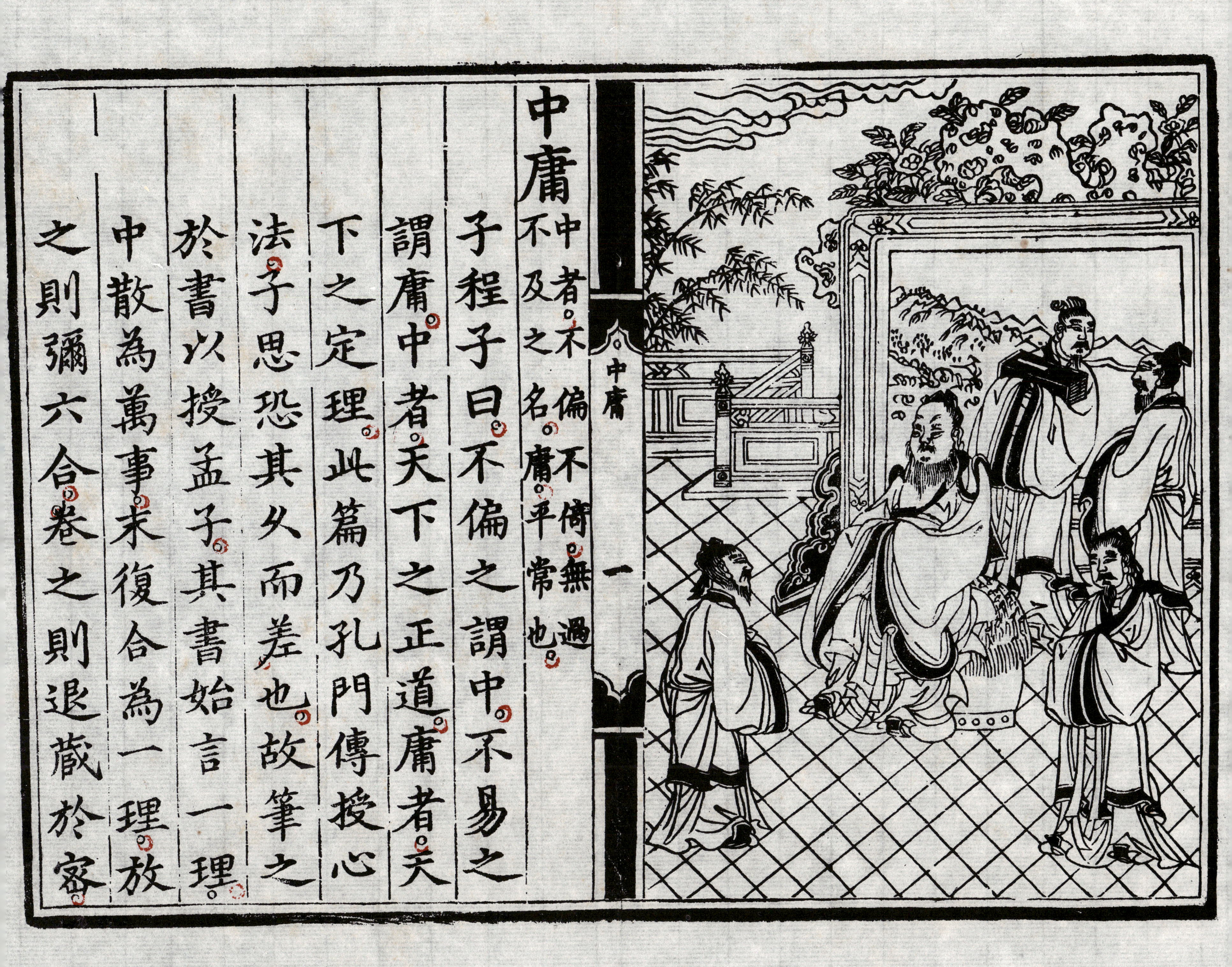

中庸

中者不偏不倚無過不及之名庸平常也

子程子曰不偏之謂中不易之謂庸中者天下之正道庸者天下之定理此篇乃孔門傳授心法子思恐其久而差也故筆之於書以授孟子其書始言一理中散為萬事末復合為一理放之則彌六合卷之則退藏於密

其味無窮皆實學也善讀者玩索而有得焉則終身用之有不能盡者矣

天命之謂性率性之謂道脩道之謂教道也者不可須臾離也可離非道也是故君子戒慎乎其所不睹恐懼乎其所不聞莫見音現乎隱莫顯乎微故君子慎其獨也喜怒哀樂音洛之未發謂之中發而皆中節謂之和中也者天下之大本也和也者天下之達道也致中和天地位焉萬物育焉

右第一章

仲尼曰君子中庸小人反中庸君子之中庸也君子而時中小人之中庸也小人而無忌憚也

右第二章

子曰中庸其至矣乎民鮮能久矣

右第三章

子曰道之不行也我知之矣知者過之愚者不及也道之不明也我知之矣賢者過之不肖者不及也人莫不飲食也鮮能知味也

右第四章

子曰道其不行矣夫(音扶)

右第五章

子曰舜其大知也與舜好問而好察邇言隱惡而揚善執其兩端用其中於民其斯以為舜乎

右第六章

子曰人皆曰予知驅而納諸罟(音古)擭(胡化反)陷阱(才性反)之中而莫之知辟(音避)也人皆曰予知擇乎中庸而不能期

居之反

月守也。

右第七章

子曰回之為人也擇乎中庸得一善則拳拳服膺而弗失之矣

右第八章

子曰天下國家可均也爵禄可辭也白刃可蹈也中庸不可能也

右第九章

子路問强子曰南方之强與北方之强與抑而强與寬柔以教不報無道南方之强也君子居之衽金革死而不厭北方之强也而强者居之故君子和而不流强哉矯中立而不倚强哉矯國有道不變塞焉强哉矯國無道至死不變强哉矯

右第十章

子曰素(音索)隱行怪後世有述焉吾弗爲之矣君子遵道而行半塗而廢吾弗能已矣君子依乎中庸遯世不見知而不悔唯聖者能之

右第十一章

君子之道費(符味反)而隱夫婦之愚可以與知焉及其至也雖聖人亦有所不知焉夫婦之不肖可以能行焉及

其至也雖聖人亦有所不能焉天地之大也人猶有所憾故君子語大天下莫能載焉語小天下莫能破焉詩云鳶(余專反)飛戾天魚躍于淵言其上下察也君子之道造端乎夫婦及其至也察乎天地

右第十二章

子曰道不遠人人之爲道而遠人不

可以為道詩云伐柯伐柯其則不遠
執柯以伐柯睨（研計反）而視之猶以為
遠故君子以人治人改而止忠恕違
道不遠施諸己而不願亦勿施於人
君子之道四丘未能一焉所求乎子
以事父未能也所求乎臣以事君未
能也所求乎弟以事兄未能也所求
乎朋友先施之未能也庸德之行庸
言之謹有所不足不敢不勉有餘不
敢盡言顧行行顧言君子胡不慥慥
爾

右第十三章

君子素其位而行不願乎其外素富
貴行乎富貴素貧賤行乎貧賤素夷
狄行乎夷狄素患難行乎患難君子
無入而不自得焉在上位不陵下在

下位不援上正己而不求於人則無怨上不怨天下不尤人故君子居易以俟命小人行險以僥倖子曰射有似乎君子失諸正（音征）鵠（工毒反）反求諸其身

右第十四章

君子之道辟（音譬下同）如行遠必自邇辟如登高必自卑詩曰妻子好合如鼓瑟琴兄弟既翕和樂（音洛）且耽宜爾室家樂爾妻帑子曰父母其順矣乎

右第十五章

子曰鬼神之為德其盛矣乎視之而弗見聽之而弗聞體物而不可遺使天下之人齊（側皆反）明盛服以承祭祀洋洋乎如在其上如在其左右詩曰神之格思不可度（待洛反）思矧可射思

夫微之顯誠之不可揜如此夫音扶

右第十六章

子曰舜其大孝也與德為聖人尊為天子富有四海之內宗廟享之子孫保之故大德必得其位必得其祿必得其名必得其壽故天之生物必因其材而篤焉故栽者培之傾者覆之詩曰嘉樂君子憲憲音顯令德宜民宜人受祿于天保佑命之自天申之故大德者必受命

右第十七章

子曰無憂者其唯文王乎以王季為父以武王為子父作之子述之武王纘大王王季文王之緒壹戎衣而有天下身不失天下之顯名尊為天子富有四海之內宗廟享之子孫保之

武王末受命周公成文武之德追王大王王季上祀先公以天子之禮斯禮也達乎諸侯大夫及士庶人父為大夫子為士葬以大夫祭以士父為士子為大夫葬以士祭以大夫期之喪達乎大夫三年之喪達乎天子父母之喪無貴賤一也

右第十八章

子曰武王周公其達孝矣乎夫孝者善繼人之志善述人之事者也春秋脩其祖廟陳其宗器設其裳衣薦其時食宗廟之禮所以序昭(如字)穆也序爵所以辨貴賤也序事所以辨賢也旅酬下為上所以逮賤也燕毛所以序齒也踐其位行其禮奏其樂敬其所尊愛其所親事死如事生事亡如

事存孝之至也郊社之禮所以事上帝也宗廟之禮所以祀乎其先也明乎郊社之禮禘嘗之義治國其如示諸掌乎

右第十九章

哀公問政子曰文武之政布在方策其人存則其政舉其人亡則其政息人道敏政地道敏樹夫音扶政也者蒲盧也故為政在人取人以身脩身以道脩道以仁仁者人也親親為大義者宜也尊賢為大親親之殺尊賢之等禮所生也在下位不獲乎上民不可得而治矣故君子不可以不脩身思脩身不可以不事親思事親不可以不知人思知人不可以不知天天下之達道五所以行之者三曰君臣也

父子也夫婦也昆弟也朋友之交也五者天下之達道也知仁勇三者天下之達德也所以行之者一也或生而知之或學而知之或困而知之及其知之一也或安而行之或利而行之或勉强而行之及其成功一也子曰好學近乎知力行近乎仁知耻近乎勇知斯三者則知所以脩身知所以脩身則知所以治人知所以治人則知所以治天下國家矣凡為天下國家有九經曰脩身也尊賢也親親也敬大臣也體群臣也子庶民也来百工也柔遠人也懷諸侯也脩身則道立尊賢則不惑親親則諸父昆弟不怨敬大臣則不眩體群臣則士之報禮重子庶民則百姓勸来百工則

財用足柔遠人則四方歸之懷諸侯則天下畏之齊(側皆反)明盛服非禮不動所以脩身也去讒遠色賤貨而貴德所以勸賢也尊其位重其祿同其好惡所以勸親親也官盛任使所以勸大臣也忠信重祿所以勸士也時使薄斂所以勸百姓也日省月試既(許氣反)稟(音廩)稱事所以勸百工也送往

迎來嘉善而矜不能所以柔遠人也繼絕世舉廢國治亂持危朝(音潮)聘以時厚往而薄來所以懷諸侯也凡為天下國家有九經所以行之者一也凡事豫則立不豫則廢言前定則不跲(其劫反)事前定則不困行前定則不疚道前定則不窮在下位不獲乎上民不可得而治矣獲乎上有道不信

乎朋友不獲乎上矣信乎朋友有道
不順乎親不信乎朋友矣順乎親有
道反諸身不誠不順乎親矣誠身有
道不明乎善不誠乎身矣誠者天之
道也誠之者人之道也誠者不勉而
中不思而得從七容反容中道聖人也
誠之者擇善而固執之者也博學之
審問之愼思之明辨之篤行之有弗

學學之弗能弗措也有弗問問之弗
知弗措也有弗思思之弗得弗措也
有弗辨辨之弗明弗措也有弗行行
之弗篤弗措也人一能之己百之人
十能之己千之果能此道矣雖愚必
明雖柔必強

右第二十章

自誠明謂之性自明誠謂之教誠則

明矣明則誠矣

右第二十一章

惟天下至誠為能盡其性能盡其性則能盡人之性能盡人之性則能盡物之性能盡物之性則可以贊天地之化育可以贊天地之化育則可以與天地參矣

右第二十二章

其次致曲曲能有誠誠則形形則著著則明明則動動則變變則化惟天下至誠為能化

右第二十三章

至誠之道可以前知國家将興必有禎祥國家将亡必有妖孽見（音現）乎蓍龜動乎四體禍福将至善必先知之不善必先知之故至誠如神

右第二十四章

誠者自成也而道自道音導也誠者物之終始不誠無物是故君子誠之為貴誠者非自成己而已也所以成物也成己仁也成物知也性之德也合內外之道也故時措之宜也

右第二十五章

故至誠無息不息則久久則徵徵則

悠遠悠遠則博厚博厚則高明博厚所以載物也高明所以覆物也悠久所以成物也博厚配地高明配天悠久無疆如此者不見音現而章不動而變無為而成天地之道可一言而盡也其為物不貳則其生物不測天地之道博也厚也高也明也悠也久也今夫天斯昭昭之多及其無窮也日

月星辰繫焉，萬物覆焉。今夫地，一撮土之多，及其廣厚，載華嶽而不重，振河海而不洩（私列反），萬物載焉。今夫（音扶）山，一卷石之多，及其廣大，草木生之，禽獸居之，寶藏興焉。今夫水，一勺（市若反）之多，及其不測，黿（音元）鼉（湯河反）蛟龍魚鼈生焉，貨財殖焉。詩云：維天之命，於穆不已。蓋曰天之所以為天也。於（音烏）乎（音呼）不顯，文王之德之純。蓋曰文王之所以為文也，純亦不已。

右第二十六章

大哉聖人之道！洋洋乎發育萬物，峻極于天。優優大哉！禮儀三百，威儀三千。待其人而後行。故曰苟不至德，至道不凝焉。故君子尊德性而道問學，致廣大而盡精微，極高明而道中庸，

温故而知新敦厚以崇禮是故居上不驕為下不倍音背國有道其言足以興國無道其默足以容詩曰既明且哲以保其身其此之謂與

右第二十七章

子曰愚而好自用賤而好自專生乎今之世反古之道如此者烖古災字及其身者也非天子不議禮不制度不考文今天下車同軌書同文行同倫雖有其位苟無其德不敢作禮樂焉雖有其德苟無其位亦不敢作禮樂焉子曰吾說夏禮杞不足徵也吾學殷禮有宋存焉吾學周禮今用之吾從周

右第二十八章

王天下有三重焉其寡過矣乎上焉

者雖善無徵無徵不信不信民弗從下焉者雖善不尊不尊不信不信民弗從故君子之道本諸身徵諸庶民考諸三王而不繆建諸天地而不悖質諸鬼神而無疑百世以俟聖人而不惑質諸鬼神而無疑知天也百世以俟聖人而不惑知人也是故君子動而世為天下道行而世為天下法言而世為天下則遠之則有望近之則不厭詩曰在彼無惡在此無射音妬庶幾夙夜以永終譽君子未有不如此而蚤有譽於天下者也

右第二十九章

仲尼祖述堯舜憲章文武上律天時下襲水土辟音譬如天地之無不持載無不覆幬徒報反辟音譬如四時之錯行

如日月之代明萬物並育而不相害道並行而不相悖小德川流大德敦化此天地之所以為大也

右第三十章

惟天下至聖為能聰明睿知足以有臨也寬裕溫柔足以有容也發強剛毅足以有執也齊(側皆反)莊中正足以有敬也文理密察足以有別(彼列反)也

溥博淵泉而時出之溥博如天淵泉如淵見而民莫不敬言而民莫不信行而民莫不說(音悅)是以聲名洋溢乎中國施及蠻貊舟車所至人力所通天之所覆地之所載日月所照霜露所隊(音墜)凡有血氣者莫不尊親故曰配天

右第三十一章

惟天下至誠爲能經綸天下之大經立天下之大本知天地之化育夫音扶焉於虔反有所倚肫肫之純反其仁淵淵其淵浩浩其天苟不固聰明聖知達天德者其孰能知之

右第三十二章

詩曰衣錦尚絅口迥反惡其文之著也故君子之道闇於感反然而日章小人之道的然而日亡君子之道淡而不厭簡而文溫而理知遠之近知風之自知微之顯可與入德矣詩云潛雖伏矣亦孔之昭故君子內省不疚無惡於志君子之所不可及者其惟人之所不見乎詩云相在爾室尚不愧于屋漏故君子不動而敬不言而信詩曰奏假與格同用無言時靡有爭是故

君子不賞而民勸不怒而民威於鈇（音夫）鉞（音曰）詩曰不顯惟德百辟其刑之是故君子篤恭而天下平詩云予懷明德不大聲以色子曰聲色之於以化民末也詩曰德輶（音由）如毛毛猶有倫上天之載無聲無臭至矣

右第三十三章

中庸終

論語序

序曰漢中壘校尉劉向言魯論語二十篇皆孔子弟子記諸善言也太子太傅夏侯勝前將軍蕭望之丞相韋賢及子玄成等傳之齊論語二十二篇其二十篇中章句頗多於魯論琅邪王卿及膠東庸生昌邑中尉王吉皆以教授故有魯論有齊論魯共王

時嘗欲以孔子宅為宮壞得古文論語齊論有問王知道多於魯論二篇古論亦無此二篇分堯曰下章子張問以為一篇有兩子張凡二十一篇篇次不與齊魯論同安昌侯張禹本受魯論兼講齊說善者從之號曰張侯論為世所貴包氏周氏章句出焉古論唯博士孔安國為之訓解而世

不傳至順帝時南郡太守馬融亦為之訓說漢末大司農鄭玄就魯論篇章考之齊古為之註近故司空陳羣太常王肅博士周生烈皆為義說前世傳受師說雖有異同不為訓解中間為之訓解至于今多矣所見不同互有得失今集諸家之善記其姓名有不安者頗為改易名曰論語集解

光祿大夫關內侯臣孫邕光祿大夫
臣鄭冲散騎常侍中領軍安鄉亭侯
臣曹羲侍中臣荀顗尚書駙馬都尉
關內侯臣何晏等上

論語序

論語卷之上

學而第一　凡十六章

子曰學而時習之不亦説乎(音悦)有朋自遠方来不亦樂乎(音洛)人不知而不慍(紆問切)不亦君子乎○有子曰其爲人也孝弟而好犯上者鮮矣不好犯上而好作亂者未之有也君子務本本立而道生孝弟也者其爲仁之本與○子曰巧言令色鮮矣仁○曾子曰吾日三省(悉井切)吾身爲人謀而不忠乎與朋友交而不信乎傳不習乎○子曰道千乘之國敬事而信節用而愛人使民以時(道乘去聲)○子曰弟子入則孝出則弟謹而信汎愛衆而親仁行有餘力則以學文○子夏曰賢賢易色事父母能竭其力事君能致

其身與朋友交言而有信雖曰未學
吾必謂之學矣○子曰君子不重則
不威學則不固主忠信無友不如已
者過則勿憚改○曾子曰愼終追遠
民德歸厚矣○子禽問於子貢曰夫
子至於是邦也必聞其政求之與抑
與之與子貢曰夫子溫良恭儉讓以
得之夫子之求之也其諸異乎人之
求之與○子曰父在觀其志父沒觀
其行三年無改於父之道可謂孝矣
○有子曰禮之用和爲貴先王之道
斯爲美小大由之有所不行知和而
和不以禮節之亦不可行也○有子
曰信近於義言可復也恭近於禮遠
恥辱也因不失其親亦可宗也○子
曰君子食無求飽居無求安敏於事

而慎於言就有道而正焉可謂好學也已○子貢曰貧而無諂富而無驕何如子曰可也未若貧而樂富而好禮者也子貢曰詩云如切如磋如琢如磨其斯之謂與子曰賜也始可與言詩已矣告諸往而知來者○子曰不患人之不已知患不知人也

爲政第二 凡二十四章

子曰爲政以德譬如北辰居其所而衆星共之音拱○子曰詩三百一言以蔽之曰思無邪○子曰道之以政齊之以刑民免而無恥音導道之以德齊之以禮有恥且格○子曰吾十有五而志于學三十而立四十而不惑五十而知天命六十而耳順七十而從心所欲不踰矩○孟懿子問孝子曰

無違樊遲御子告之曰孟孫問孝於
我我對曰無違樊遲曰何謂也子曰
生事之以禮死葬之以禮祭之以禮
○孟武伯問孝子曰父母惟其疾之
憂○子游問孝子曰今之孝者是謂
能養至於犬馬皆能有養不敬何以
別乎（別必列切）○子夏問孝子曰色難有
事弟子服其勞有酒食先生饌（食嗣饌撰）

曾是以爲孝乎○子曰吾與回言終
日不違如愚退而省其私亦足以發
回也不愚○子曰視其所以觀其所
由察其所安人焉廋哉人焉廋哉（焉於
虔切廋所留切）○子曰溫故而知新可以爲
師矣○子曰君子不器○子貢問君
子子曰先行其言而後從之○子曰
君子周而不比小人比而不周○子

曰學而不思則罔思而不學則殆○子曰攻乎異端斯害也已○子曰由誨女知之乎女音汝知之爲知之不知爲不知是知也○子張學干禄子曰多聞闕疑慎言其餘則寡尤多見闕殆慎行其餘則寡悔言寡尤行寡悔禄在其中矣○哀公問曰何爲則民服孔子對曰舉直錯諸枉則民服舉枉錯諸直則民不服○季康子問使民敬忠以勸如之何子曰臨之以莊則敬孝慈則忠舉善而教不能則勸○或謂孔子曰子奚不爲政子曰書云孝乎惟孝友于兄弟施於有政是亦爲政奚其爲爲政○子曰人而無信不知其可也大車無輗小車無軏其何以行之哉輗五兮切軏音月○子張問

十世可知也子曰殷因於夏禮所損益可知也周因於殷禮所損益可知也其或繼周者雖百世可知也○子曰非其鬼而祭之諂也見義不爲無勇也

八佾第三 凡二十六章

孔子謂季氏八佾舞於庭是可忍也孰不可忍也（佾音逸）○三家者以雍徹子曰相維辟公天子穆穆奚取於三家之堂（徹直列切）○子曰人而不仁如禮何人而不仁如樂何○林放問禮之本子曰大哉問禮與其奢也寧儉喪與其易也寧戚○子曰夷狄之有君不如諸夏之亡也○季氏旅於泰山子謂冉有曰女弗能救與（女音汝）對曰不能子曰嗚呼曾謂泰山不如林放

乎○子曰君子無所爭必也射乎揖
讓而升下而飲其爭也君子○子夏
問曰巧笑倩兮美目盼兮素以爲絢
兮何謂也（倩七練切盼普莧切絢呼縣切）子曰繪事
後素（繪胡對切）曰禮後乎子曰起予者商
也始可與言詩已矣○子曰夏禮吾
能言之杞不足徵也殷禮吾能言之
宋不足徵也文獻不足故也足則吾

能徵之矣○子曰禘自既灌而往者
吾不欲觀之矣（禘大計切）○或問禘之說
子曰不知也知其說者之於天下也
其如示諸斯乎指其掌○祭如在祭
神如神在子曰吾不與祭如不祭○
王孫賈問曰與其媚於奧寧媚於竈
何謂也子曰不然獲罪於天無所禱
也○子曰周監於二代郁郁乎文哉

吾從周郁於六切○子入太廟每事問或
曰孰謂鄹人之子知禮乎入太廟每
事問子聞之曰是禮也太音泰鄹側留切○
子曰射不主皮爲力不同科古之道
也○子貢欲去告朔之餼羊去起呂切告古
篤切餼許氣切子曰賜也爾愛其羊我愛其
禮○子曰事君盡禮人以爲諂也○
定公問君使臣臣事君如之何孔子

對曰君使臣以禮臣事君以忠○子
曰關雎樂而不淫哀而不傷樂音洛○
哀公問社於宰我宰我對曰夏后氏
以松殷人以柏周人以栗曰使民戰
栗子聞之曰成事不說遂事不諫既
往不咎○子曰管仲之器小哉或曰
管仲儉乎曰管氏有三歸官事不攝
焉得儉然則管仲知禮乎曰邦君樹

塞門管氏亦樹塞門邦君爲兩君之好有反坫管氏亦有反坫管氏而知禮孰不知禮坫丁念切○子語魯大師樂曰樂其可知也始作翕如也從之純如也皦如也繹如也以成語去聲大音泰從音縱皦音皎○儀封人請見曰見音現君子之至於斯也吾未嘗不得見也從者見之出曰二三子何患於喪乎天下之

無道也久矣天將以夫子爲木鐸從喪去聲鐸待洛切○子謂韶盡美矣又盡善也謂武盡美矣未盡善也○子曰居上不寬爲禮不敬臨喪不哀吾何以觀之哉

里仁第四 凡二十六章

子曰里仁爲美擇不處仁焉得知處上聲焉於虔切知去聲○子曰不仁者不可以久

處約不可以長處樂仁者安仁知者利仁樂音洛知去聲○子曰惟仁者能好人能惡人好惡去聲○子曰苟志於仁矣無惡也○子曰富與貴是人之所欲也不以其道得之不處也貧與賤是人之所惡也不以其道得之不去也君子去仁惡乎成名君子無終食之間違仁造次必於是顛沛音貝必於是○

子曰我未見好仁者惡不仁者好仁者無以尚之惡不仁者其為仁矣不使不仁者加乎其身有能一日用其力於仁矣乎我未見力不足者蓋有之矣我未之見也○子曰人之過也各於其黨觀過斯知仁矣○子曰朝聞道夕死可矣○子曰士志於道而恥惡衣惡食者未足與議也○子曰

君子之於天下也無適也無莫也義之與比（適丁歷切　比必二切）○子曰君子懷德小人懷土君子懷刑小人懷惠○子曰放於利而行多怨○子曰能以禮讓爲國乎何有不能以禮讓爲國如禮何○子曰不患無位患所以立不患莫己知求爲可知也○子曰參乎吾道一以貫之曾子曰唯（參所金切）子出

門人問曰何謂也曾子曰夫子之道忠恕而已矣○子曰君子喻於義小人喻於利○子曰見賢思齊焉見不賢而內自省也（省悉井切）○子曰事父母幾諫見志不從又敬不違勞而不怨○子曰父母在不遠遊遊必有方○子曰三年無改於父之道可謂孝矣○子曰父母之年不可不知也一則

以喜一則以懼○子曰古者言之不出恥躬之不逮也○子曰以約失之者鮮矣○子曰君子欲訥於言而敏於行○子曰德不孤必有鄰○子游曰事君數斯辱矣朋友數斯疏矣數色角切

公冶長第五　凡二十七章

子謂公冶長可妻也雖在縲絏之中非其罪也以其子妻之妻去聲縲力追切絏息列切○子謂南容邦有道不廢邦無道免於刑戮以其兄之子妻之○子謂子賤君子哉若人魯無君子者斯焉取斯焉於虔切○子貢問曰賜也何如子曰女器也曰何器也曰瑚璉也女音汝瑚音胡璉力展切○或曰雍也仁而不佞子曰焉用佞禦人以口給屢憎於人不知其

仁焉用佞（焉於虔切）○子使漆雕開仕對
曰吾斯之未能信子說（說音悅）○子曰道
不行乘桴浮于海從我者其由與子
路聞之喜子曰由也好勇過我無所
取材（桴音孚從好並去聲與平聲）○孟武伯問子
路仁乎子曰不知也又問子曰由也
千乘之國可使治其賦也不知其仁
也求也何如子曰求也千室之邑百

乘之家可使爲之宰也不知其仁也
赤也何如子曰赤也束帶立於朝（朝音潮）
可使與賓客言也不知其仁也○子
謂子貢曰女與回也孰愈（女音汝下同）對
曰賜也何敢望回回也聞一以知十
賜也聞一以知二子曰弗如也吾與
女弗如也○宰予晝寢子曰朽木不
可雕也糞土之牆不可杇也於予與

何誅（朽許久切杇音汙與平聲下同）子曰始吾於人
也聽其言而信其行今吾於人也聽
其言而觀其行於予與改是○子曰
吾未見剛者或對曰申棖子曰棖也
慾焉得剛（棖音倀焉於虔切）○子貢曰我不
欲人之加諸我也吾亦欲無加諸人
子曰賜也非爾所及也○子貢曰夫
子之文章可得而聞也夫子之言性
與天道不可得而聞也○子路有聞

未之能行唯恐有聞○子貢問曰孔
文子何以謂之文也子曰敏而好學
不恥下問是以謂之文也（好去聲）○子
謂子產有君子之道四焉其行己也
恭其事上也敬其養民也惠其使民
也義○子曰晏平仲善與人交久而
敬之○子曰臧文仲居蔡山節藻梲

何如其知也[棁章悅切知去聲]○子張問曰令尹子文三仕爲令尹無喜色三已之無愠色舊令尹之政必以告新令尹何如子曰忠矣曰仁矣乎曰未知焉得仁[焉於虔切]崔子弑齊君陳文子有馬十乘[乘去聲]棄而違之至於他邦則曰猶吾大夫崔子也違之之一邦則又曰猶吾大夫崔子也違之何如子曰

清矣曰仁矣乎曰未知焉得仁○季文子三思而後行[三去聲]子聞之曰再斯可矣○子曰甯武子邦有道則知邦無道則愚其知可及也其愚不可及也[知去聲]○子在陳曰歸與歸與吾黨之小子狂簡斐然成章不知所以裁之[斐音匪]○子曰伯夷叔齊不念舊惡怨是用希○子曰孰謂微生高直

或乞醯焉乞諸其鄰而與之醯呼西切○

子曰巧言令色足恭左丘明恥之丘亦恥之足將樹切匿怨而友其人左丘明恥之丘亦恥之○顏淵季路侍子曰盍音合各言爾志子路曰願車馬衣輕裘與朋友共敝之而無憾顏淵曰願無伐善無施勞子路曰願聞子之志子曰老者安之朋友信之少者懷之

○子曰已矣乎吾未見能見其過而內自訟者也○子曰十室之邑必有忠信如丘者焉不如丘之好學也

雍也第六 凡二十八章

子曰雍也可使南面仲弓問子桑伯子子曰可也簡仲弓曰居敬而行簡以臨其民不亦可乎居簡而行簡無乃大音泰簡乎子曰雍之言然○哀公

問弟子孰爲好學孔子對曰有顏回者好學不遷怒不貳過不幸短命死矣今也則亡（音無）未聞好學者也○子華使於齊冉子爲其母請粟子曰與之釜請益曰與之庾冉子與之粟五秉（使爲去聲）子曰赤之適齊也乘肥馬衣輕裘吾聞之也君子周急不繼富（衣去聲）原思爲之宰與之粟九百辭子曰

毋以與爾鄰里鄉黨乎○子謂仲弓曰犂牛之子騂且角雖欲勿用山川其舍諸（騂息營切 舍上聲）○子曰回也其心三月不違仁其餘則日月至焉而已矣○季康子問仲由可使從政也與子曰由也果於從政乎何有曰賜也可使從政也與曰賜也達於從政乎何有曰求也可使從政也與曰求也

藝於從政乎何有○季氏使閔子騫爲費音祕宰閔子騫曰善爲我辭焉如有復我者則吾必在汶音問上矣○伯牛有疾子問之自牖執其手曰亡之命矣夫音扶斯人也而有斯疾也斯人也而有斯疾也○子曰賢哉回也一簞食音嗣一瓢飲在陋巷人不堪其憂回也不改其樂音洛賢哉回也○冉求

曰非不說音悅子之道力不足也子曰力不足者中道而廢今女畫○子謂子夏曰女爲君子儒無爲小人儒○子游爲武城宰子曰女得人焉爾乎曰有澹徒甘切臺滅明者行不由徑非公事未嘗至於偃之室也○子曰孟之反不伐奔而殿將入門策其馬曰非敢後也馬不進也○子曰不有祝

鮀之佞而有宋朝之美難乎免於今之世矣○子曰誰能出不由戶何莫由斯道也○子曰質勝文則野文勝質則史文質彬彬然後君子○子曰人之生也直罔之生也幸而免○子曰知之者不如好之者好之者不如樂之者○子曰中人以上可以語上也中人以下不可以語上也○樊遲

問知子曰務民之義敬鬼神而遠之可謂知矣問仁曰仁者先難而後獲可謂仁矣○子曰知者樂水仁者樂山知者動仁者靜知者樂仁者壽○子曰齊一變至於魯魯一變至於道○子曰觚不觚觚哉觚哉（觚音孤）○宰我問曰仁者雖告之曰井有仁焉其從之也子曰何爲其然也君子可逝

也不可陷也可欺也不可罔也○子曰君子博學於文約之以禮亦可以弗畔矣夫夫音扶○子見南子子路不說音悅夫子矢之曰予所否者天厭之天厭之○子曰中庸之爲德也其至矣乎民鮮久矣鮮上聲○子貢曰如有博施於民而能濟衆何如可謂仁乎子曰何事於仁必也聖乎堯舜其猶病諸夫仁者己欲立而立人己欲達而達人夫音扶能近取譬可謂仁之方也已

述而第七 凡三十七章

子曰述而不作信而好古竊比於我老彭○子曰默而識之識音志學而不厭誨人不倦何有於我哉○子曰德之不脩學之不講聞義不能徙不善不

能改是吾憂也○子之燕居申申如
也夭夭如也○子曰甚矣吾衰也久
矣吾不復扶又切夢見周公○子曰志
於道據於德依於仁游於藝○子曰
自行束脩以上吾未嘗無誨焉○子
曰不憤不啓不悱不發舉一隅不以
三隅反則不復也憤房粉切悱房匪切復扶又切○
子食於有喪者之側未嘗飽也子於

是日哭則不歌○子謂顏淵曰用之
則行舍之則藏惟我與爾有是夫舍上聲夫音扶
子路曰子行三軍則誰與子曰
暴虎馮河死而無悔者吾不與也必
也臨事而懼好謀而成者也馮皮冰切好去聲
○子曰富而可求也雖執鞭之士
吾亦為之如不可求從吾所好好去聲○
子之所慎齊戰疾齊側皆切○子在齊聞

韶三月不知肉味曰不圖為樂之至於斯也○冉有曰夫子為衛君乎為去聲子貢曰諾吾將問之入曰伯夷叔齊何人也曰古之賢人也曰怨乎曰求仁而得仁又何怨出曰夫子不為也○子曰飯疏食飲水曲肱而枕之樂亦在其中矣不義而富且貴於我如浮雲飯上聲食音嗣枕去聲樂音洛○子曰加我數年五十以學易可以無大過矣○子所雅言詩書執禮皆雅言也○葉公問孔子於子路葉舒涉反子路不對子曰女奚不曰其為人也發憤忘食樂以忘憂不知老之將至云爾○子曰我非生而知之者好古敏以求之者也○子不語怪力亂神○子曰三人行必有我師焉擇其善者而從之其

不善者而改之○子曰天生德於予桓魋其如予何魋徒雷切○子曰二三子以我爲隱乎吾無隱乎爾吾無行而不與二三子者是丘也○子以四教文行忠信行去聲○子曰聖人吾不得而見之矣得見君子者斯可矣子曰善人吾不得而見之矣得見有恒者斯可矣恒胡登切亡音無而爲有虛而爲盈

約而爲泰難乎有恒矣○子釣而不綱弋不射宿弋音亦射食亦切○子曰蓋有不知而作之者我無是也多聞擇其善者而從之多見而識之識音志知之次也○互鄉難與言童子見見音現門人惑子曰與其進也不與其退也唯何甚人潔己以進與其潔也不保其往也○子曰仁遠乎哉我欲仁斯仁至矣

○陳司敗問昭公知禮乎孔子曰知禮孔子退揖巫馬期而進之曰吾聞君子不黨君子亦黨乎君取於吳爲同姓謂之吳孟子君而知禮孰不知禮巫馬期以告子曰丘也幸苟有過人必知之○子與人歌而善必使反之而後和(去聲)之○子曰文莫吾猶人也躬行君子則吾未之有得○子曰

若聖與仁則吾豈敢抑爲之不厭誨人不倦則可謂云爾已矣公西華曰正唯弟子不能學也○子疾病子路請禱子曰有諸子路對曰有之誄曰禱爾于上下神祇子曰丘之禱久矣(誄力軌切)○子曰奢則不孫(去聲)儉則固與其不孫也寧固○子曰君子坦蕩蕩小人長戚戚○子温而厲威而不猛

恭而安。

泰伯第八 凡二十一章

子曰泰伯其可謂至德也已矣三以天下讓民無得而稱焉○子曰恭而無禮則勞愼而無禮則葸勇而無禮則亂直而無禮則絞葸絲里切絞古卯切君子篤於親則民興於仁故舊不遺則民不偷○曾子有疾召門弟子曰啓予足啓予手詩云戰戰兢兢如臨深淵如履薄氷而今而後吾知免夫小子夫音扶○曾子有疾孟敬子問之曾子言曰鳥之將死其鳴也哀人之將死其言也善君子所貴乎道者三動容貌斯遠暴慢矣正顔色斯近信矣遠近去聲出辭氣斯遠鄙倍矣籩豆之事則有司存○曾子曰以能問於不能以

多問於寡有若無實若虛犯而不校
昔者吾友嘗從事於斯矣○曾子曰
可以託六尺之孤可以寄百里之命
臨大節而不可奪也君子人與君子
人也與平聲○曾子曰士不可以不弘
毅任重而道遠仁以爲己任不亦重
乎死而後已不亦遠乎○子曰興於
詩立於禮成於樂○子曰民可使由

之不可使知之○子曰好勇疾貧亂
也人而不仁疾之已甚亂也好去聲○
子曰如有周公之才之美使驕且吝
其餘不足觀也已○子曰三年學不
至於穀不易得也易去聲○子曰篤信
好學守死善道好去聲危邦不入亂邦
不居天下有道則見無道則隱見音現
邦有道貧且賤焉恥也邦無道富且

貴焉耻也。○子曰不在其位不謀其
政。○子曰師摯之始關雎之亂洋洋
乎盈耳哉。摯音至 ○子曰狂而不直侗
而不愿悾悾而不信吾不知之矣。侗通 悾空
○子曰學如不及猶恐失之。○子
曰巍巍乎舜禹之有天下也而不與
焉。與去聲 ○子曰大哉堯之爲君也巍
巍乎唯天爲大唯堯則之蕩蕩乎民

無能名焉巍巍乎其有成功也煥乎
其有文章。○舜有臣五人而天下治。
武王曰予有亂臣十人孔子曰才難
不其然乎唐虞之際於斯爲盛有婦
人焉九人而已三分天下有其二以
服事殷周之德其可謂至德也已矣。
○子曰禹吾無間然矣菲飲食而致
孝乎鬼神惡衣服而致美乎黻冕卑

宮室而盡力乎溝洫禹吾無間然矣

間去聲菲音匪黻音弗洫呼域切

子罕第九 凡三十章

子罕言利與命與仁○達巷黨人曰大哉孔子博學而無所成名子聞之謂門弟子曰吾何執執御乎執射乎吾執御矣○子曰麻冕禮也今也純儉吾從衆拜下禮也今拜乎上泰也

雖違衆吾從下○子絶四毋意毋必毋固毋我○子畏於匡曰文王既没文不在茲乎天之將喪去聲斯文也後死者不得與於斯文也天之未喪斯文也匡人其如予何○大宰問於子貢曰夫子聖者與何其多能也大泰與平子貢曰固天縱之將聖又多能也子聞之曰大宰知我乎吾少也賤故多

能鄙事君子多乎哉不多也牢曰子云吾不試故藝○子曰吾有知乎哉無知也有鄙夫問於我空空如也我叩其兩端而竭焉（叩音口）○子曰鳳鳥不至河不出圖吾已矣夫（夫音扶）○子見齊衰者冕衣裳者與瞽者見之雖少必作過之必趨（齊咨 衰催 少去聲）○顏淵喟然歎曰仰之彌高鑽之彌堅瞻之在前忽焉在後（喟苦位切 鑽祖官切）夫子循循然善誘人博我以文約我以禮欲罷不能既竭吾才如有所立卓爾雖欲從之末由也已○子疾病子路使門人爲臣病間曰久矣哉由之行詐也無臣而爲有臣吾誰欺欺天乎且予與其死於臣之手也無寧死於二三子之手乎且予縱不得大葬予死於道

路乎○子貢曰有美玉於斯韞匵而藏諸求善賈而沽諸子曰沽之哉沽之哉我待賈者也韞紆粉切　賈音嫁○子欲居九夷或曰陋如之何子曰君子居之何陋之有○子曰吾自衛反魯然後樂正雅頌各得其所○子曰出則事公卿入則事父兄喪事不敢不勉不爲酒困何有於我哉○子在川上

曰逝者如斯夫不舍晝夜夫扶　舍上○子曰吾未見好德如好色者也○子曰譬如爲山未成一簣止吾止也譬如平地雖覆一簣進吾往也簣求位切　覆芳服切○子曰語之而不惰者其回也與語去聲○子謂顏淵曰惜乎吾見其進也未見其止也○子曰苗而不秀者有矣夫秀而不實者有矣夫○子曰後

生可畏焉知来者之不如今也。焉於虔切
四十五十而無聞焉斯亦不足畏也
已。○子曰法語之言能無從乎改之
爲貴巽與之言能無說乎繹之爲貴。
說而不繹從而不改吾末如之何也
已矣。○子曰主忠信毋友不如己者。
過則勿憚改。○子曰三軍可奪帥也
匹夫不可奪志也。○子曰衣敝緼袍

與衣狐貉者立而不恥者其由也與
衣去聲緼紆粉切貉胡各切不忮不求何用不臧
忮之豉切子路終身誦之子曰是道也何
足以臧。○子曰歲寒然後知松柏之
後凋也。○子曰知者不惑仁者不憂
勇者不懼。○子曰可與共學未可與
適道可與適道未可與立可與立未
可與權。○唐棣之華偏其反而豈不

爾思室是遠而（棣大計切）子曰未之思也夫何遠之有（夫音扶）

鄉黨第十（凡一章今分爲十七章）

孔子於鄉黨恂恂如也似不能言者（恂相倫切）其在宗廟朝廷便便言唯謹爾（便旁連切）○朝與下大夫言侃侃如也與上大夫言誾誾如也（侃苦旦切 誾魚巾切）君在踧踖如也與與如也（踧子六切 踖子亦切 與平聲）

○君召使擯色勃如也足躩如也（擯必刃切 躩驅若切）揖所與立左右手衣前後襜如也（襜赤占切）趨進翼如也賓退必復命曰賓不顧矣○入公門鞠躬如也如不容立不中門行不履閾（閾于逼切）過位色勃如也足躩如也其言似不足者攝齊升堂鞠躬如也屏氣似不息者（齊咨 屏丙）出降一等逞顏色怡怡如也沒

皆趨翼如也復其位踧踖如也○執

圭鞠躬如也如不勝上如揖下如授

勃如戰色足蹜蹜如有循［蹜色六切］享禮

有容色私覿愉愉如也［覿音狄］○君子

不以紺緅飾［紺古暗切緅側由切］紅紫不以為

褻服當暑袗絺綌必表而出之［袗軫絺蚩］

［綌去逆切］緇衣羔裘素衣麑裘黃衣狐裘

［麑音宜］褻裘長短右袂必有寢衣長［去聲］

一身有半狐貉之厚以居去喪無所

不佩［去聲上］非帷裳必殺之［殺去聲］羔裘

玄冠不以弔吉月必朝服而朝○齊

必有明衣布［齊側皆切］齊必變食居必遷

坐○食不厭精膾不厭細食饐而餲

［食嗣饐於冀切餲於邁切］魚餒而肉敗不食色惡

不食臭惡不食失飪不食不時不食

［飪而甚切］割不正不食不得其醬不食肉

雖多不使勝食氣惟酒無量不及亂
沽酒市脯不食不撤薑食不多食祭
於公不宿肉祭肉不出三日出三日
不食之矣食不語寢不言雖蔬食菜
羹瓜祭必齊如也○席不正不坐○
鄉人飲酒杖者出斯出矣鄉人儺乃多
切朝服而立於阼階○問人於他邦
再拜而送之康子饋藥拜而受之曰

立未達不敢嘗○廄焚子退朝曰傷
人乎不問馬○君賜食必正席先嘗
之君賜腥必熟而薦之君賜生必畜
之侍食於君君祭先飯扶晚切疾君視
之東首加朝服拖紳首去聲拖徒我切君命
召不俟駕行矣○入太廟每事問○
朋友死無所歸曰於我殯朋友之饋
雖車馬非祭肉不拜○寢不尸居不

容見齊衰者雖狎必變見冕者與瞽者雖褻必以貌凶服者式之式負版者有盛饌必變色而作迅雷風烈必變○升車必正立執綏車中不內顧不疾言不親指○色斯舉矣翔而後集曰山梁雌雉時哉時哉子路共之三嗅而作共九用切又居勇切嗅許又切

論語卷之上終